104 Kraftorte in Deutschland
Reise Dir Energie in Körper und Seele

Mutter Hautberg

104 Kraftorte in Deutschland

Reise Dir Energie in Körper und Seele

Bibliografische Information der Deutschen
Nationalbibliothek
Die Deutsche Nationalbibliothek verzeichnet
diese Publikation in der Deutschen
Nationalbibliografie; detaillierte bibliografische
Daten sind im Internet über http://dnb.d-nb.de
abrufbar.

ISBN   9783754374894

Lieber Suchende,

dieses Buch hast Du erworben um mehr Energie zu erhalten und vielleicht auch um neue Kanäle zu Dir selbst zu eröffnen. Wer warst Du vor diesem Leben und wer beschützt Dich in diesem Leben.
Wie stark ist Deine Kraft und woher kommt diese?
Ich zeige Dir in ganz Deutschland verborgene Kraftorte. Punkte, die niemand groß veröffentlicht, aber ich muss es tun. Ich schwor meinem Hausschweinchen Konki am Sterbestall, dass ich jedem Menschen diese Möglichkeit schenke.
Bereise die Orte und begebe Dich in einen Energiestrom, der über die ganze Erde vernetzt ist.

Viel Spaß, Freude und guten Segen.

Deine Mutter Hautberg.

1. Schafwiese in Mecklenburg Vorpommern/Bobitz

Diesen Ort wirst Du nicht ergooglen können. Du musst Dich aufmachen und im Dorfe nach dieser Wiese fragen. Dort angekommen, wird es Dich umhauen. Schon nach dem ersten Schritt ins Gras wirst Du innerlich zappeln. Vorsicht: Nicht zu dritt den Ort betreten. Es kann zu Rückkopplungen kommen.

2. Benno B in Schwerin

Eigentlich eine Bar oder Kneipe. Seit Urzeiten ist der Besitzer hier ein Wächter dieses Ortes. Man sagt, dass das Haus auf einem KellerasselFriedhof liegt. Sowieso ganz hellsichtige Wesen, die stets Magnetismus in der Erde anzeigen. Hier ist viel fokussierte Energie zu holen. Geht auch gerne in den Laden hinein, schaut Euch die wachen Gesichter der Menschen an und seid Euch sicher: Wenn ihr versuchen wollt, das Alter der Stammgäste zu schätzen: Rechnet 20 Jahre drauf.

3. KirchenpisserPlatz in Stralsund

Das klingt nun natürlich irgendwie unangenehm und nicht nach positiver Energie, aber man weiß ja auch um die Heilkraft von Urin. Die hier freigesetzte PissEnergie wird genau auf eine kleine Ecke an der Kirche zentriert. Hier urinieren pro Woche sicher 30 Leute seit Jahrhunderten. Der Urin reibt aus dem Geschlechtsteil, an der Kirche entlang und verliert sich dann im Boden. Diese Reibenergie ist aber immer noch da und wartet auf jemanden, der sie energetisch aufnimmt. Um diesen Platz zu finden: Instagram: #stralsunderkirchenpisser

4. Kleine Schwaneninsel/Schwerin

In Schwerin gibt es die Sage von Petermännchen. Irgendein Knilch, der wohl ein Zwerg war und irgendwelche Gänge unter dem Schloss geschaffen hat. Auf der Schwaneninsel sind mehrere Ausgänge, die nicht ersichtlich, aber erfühlbar sind.

5. Heidelberg/Hotel „Die Hirschgasse"

Hier trafen sich früher stets die Studenten und fochten, tranken und hatten Spaß. Sie hatten hier ein eigenes riesiges Zimmer und hatten dies nicht ohne Grund gewählt. Ihre Wunden schlossen sich viel schneller und sie spürten die Kraft einfach und gaben sie gleich im Kampf wieder ab. Selbst Mark Twain besuchte einmal diesen besonderen Ort.

6. Schloss in Ahrensburg/SH

Ein wichtiger Ort, der glücklicherweise noch nicht so bekannt ist. Wäre der Wert und die Stärke dieses Kraftortes bekannt, würden hier Millionen Menschen pro Stunde vorbeikommen und ganz Schleswig Holstein kaputttrampeln.

7. Kiel, Hofholzallee 219

(Wenn ihr alle 6 vorherigen Kraftorte besucht habt braucht ihr nun keine genauen Beschreibungen mehr. Reist in die Städte oder an die Orte und ihr werdet erkennen)

8. Kotzbrühlow in Thüringen, Alte Eiche

9. Köln/ BummBummSchänke

Bitte auf den hintersten Platz setzen und
einen Tee bestellen.

10. Neubrandenburg/Der Finger

11. Lübeck/Holstentor

12. Wismar/Hafen/Rotes Schiff „Anja"

13. Preetz

Die gesamte Stadt gilt als Kraftort. Sie wird Schusterstadt genannt, aber es ist halt ein Codewort.

14. Waren an der Müritz/Bushaltehäuschen „Flammenstrasse".

15. Lüneburg/Kalkberg

Bitte auf die Kanone setzen

16. Bochum/Trinkhalle Nord

17. GimmgammelDorf in der Nähe von Bautzen

18. Autobahnraststätte Harburg

19. Anklam

20. Bad Doberan

21. Binz

22. Boizenburg/Elbe

23. Dargun

24. Demmin

25. Dummerstorf

26. Feldberger Seenlandschaft

27. Graal-Müritz

28. Greifswald (Kreisstadt)

29. Grevesmühlen

30. Grimmen

31. Güstrow (Kreisstadt)

32. Hagenow

33. Heringsdorf

34. Kröpelin

35. Kühlungsborn

36. Lübtheen

37. Ludwigslust

38. Marlow

39. Neubukow

40. Neustrelitz

41. Parchim (Kreisstadt)

42. Pasewalk

43. Insel Poel

44. Putbus

45. Sanitz

46. Sassnitz

47. Satow

48. Strasburg (Uckermark)

49. Süderholz

50. Teterow

51. Ueckermünde

52. Waren (Müritz)

53. Zingst

54. Baabe

55. Bad Doberan (Kreisstadt)

56. Bad Kleinen

57. Bad Sülze

58. Balow

59. Bandelin

60. Bandenitz

61. Banzkow

62. Bargischow

63. Barkhagen

64. Barnekow

65. Barnin

66. Bartelshagen II b. Barth

67. Bartenshagen-Parkentin

68. Barth

69. Bartow

70. Basedow

71. Bastorf

72. Baumgarten

73. Beggerow

74. Behrenhoff

75. Behren-Lübchin

76. Belsch

77. Bengerstorf

78. Benitz

79. Bentwisch

80. Bentzin

81. Benz (bei Wismar)

82. Benz (Usedom)

83. Bergen auf Rügen

84. Bergholz

85. Bernitt

86. Bernstorf

87. Beseritz

88. Besitz

89. Bibow

90. Biendorf

91. Binz

92. Blankenberg

93. Blankenhagen

94. Blankenhof

95. Blesewitz

96. Blievenstorf

97. Blowatz

98. Blumenhagen

99. Blumenholz

100. Bobzin

101. Boddin

102. Boiensdorf

103. Boizenburg/Elbe

104. Boldekow

Nachwort

Hi, ich muss Euch leider etwas gestehen. Mein Mann und ich wohnen ja in Bobitz und ich habe fast ausschließlich mecklenburgische Kraftorte benannt. Seht es mir bitte nach, aber wir benötigen hier Tourismus.

Eure Mutter Hautberg